1 | Obermarkt

Freiberg gehört zu den wenigen deutschen Städten, die im Zweiten Weltkrieg nicht zerstört wurden. Man kann also heute durch eine beinahe geschlossene historische Altstadt bummeln. Einer der zentralen Plätze der Stadt ist der knapp 8000 Quadratmeter große Obermarkt mit seinen prächtigen Patrizierhäusern, die vorwiegend aus der ersten Hälfte des 16. Jahrhunderts stammen. Regelmäßig finden hier die Wochenmärkte und der Freiberger Christmarkt statt. Die Freiberger **Bergparade** führt an allen vier Seiten des Obermarktes entlang.

An der Ecke zur Erbischen Straße (**Obermarkt 1**) ist zunächst das Haus der Familie Schönlebe zu finden. Um 1625 ließ es ein Mitglied der Familie, wahrscheinlich der Freiberger Bürgermeister Jonas Schönlebe (1582–1658), im manieristischen Stil umbauen. Dabei erhielt das Haus seinen Volutengiebel und das prächtige Renaissanceportal mit dem Wappen der Familie. Das frühbarocke Haus Nr. 4 mit dem Rundbogenportal trägt den Namen **Napoleonhaus**. Im Mai 1812, als sich Napoleon auf dem Weg zur Konferenz nach Dresden befand, die seinen Russlandfeldzug vorbereiten sollte, wurde er hier vom sächsischen Königspaar empfangen. Die Ecke zur Korngasse

Bergparade
In Freiberg und den größeren Bergbaustädten des sächsischen Erzgebirges wird die bis ins Mittelalter zurückreichende Tradition der Bergparaden heute noch gepflegt. Von der Deutschen UNESCO-Kommission wurden sie in das Bundesweite Verzeichnis des Immateriellen Kulturerbes aufgenommen. Die Paraden finden in den Uniformen der Bergbeamten statt, die Pferde sind festlich geschmückt, und Bergkapellen begleiten die Umzüge. Die Freiberger Bergparade findet immer am Sonnabend vor dem zweiten Advent statt.

Gaslaterne
Der Chemiker Wilhelm August Lampadius (1772–1842) erhielt 1795 eine Professur für Chemie und Hüttenkunde an der Bergakademie. Nicht nur entdeckte er im Jahr darauf den Schwefelwasserstoff, sondern entwickelte zudem 1811 ein Verfahren, in dem mittels eines Steinkohlen-Thermolampenofens Gas erzeugt werden konnte. Dieses Gas speiste die erste Gaslaterne, die er an seinem Wohnhaus in der Fischerstraße anbrachte, und die auch seine Wohnung und später gar den ganzen Obermarkt beleuchtete. Damit hatte er die erste Gasbeleuchtung auf dem europäischen Kontinent installiert.

Oben: Portal des Lißkirchnerhauses
Rechts: Alnpeckhaus

dominiert das **Alnpeckhaus** (Korngasse 1), ein um 1510 errichtetes spätgotisches Bürgerhaus mit profilierten Vorhangfenstern im ersten Stock und einem originellen Eckerker. Bis 1556 beherbergte es die Freiberger Münze und trägt daher den Namen des letzten Münzmeisters Andreas Alnpeck.

An der Westseite erblickt man an der Mündung des Kirchgässchens das **Carlowitzhaus** (Obermarkt 10), erkennbar an der 2012 rekonstruierten **Lampadius-Gaslaterne**. Der bereits 1542 errichtete Renaissancebau wurde 1690 von Hans Carl von Carlowitz erworben, auf den die Stadt zu Recht stolz ist, prägte er doch bereits 1713 den Begriff der Nachhaltigkeit in der Forstwirtschaft.

An der nordwestlichen Front des Obermarktes steht das ehemalige Kaufhaus (**Nr. 16**), heute der Ratskeller. 1546 nach Plänen des Baumeisters Sebastian Lorenz d.Ä. fertiggestellt, diente es als städtisch kontrollierter Warenumschlagplatz, in dem auch die Zölle abgewickelt wurden. Das Stadtwappen im prunkvollen Renaissanceportal weist darauf hin. Neben Verkaufsständen der Handwerker im Erdgeschoss und der Kastenstube, in der die Almosen für die Bedürftigen der Stadt verwaltet wurden, existierte seit 1687 im Obergeschoss ein Festsaal. Hier trat die Schauspieltruppe der Caroline Neuber auf, 1834 und 1836 konzertierte hier Clara Wieck.

Rechts neben dem Kaufhaus erhebt sich das höchste Gebäude des Obermarktes (Nr. 17), das nach seinem Besitzer **Lißkirchnerhaus** benannt wurde, als das erste Bürgerhaus der Renaissance in Freiberg gilt (1531) und ab 1542 als Witwensitz von Herzogin Katharina diente. Sein Renaissanceportal zählt zu den ältesten in ganz Sachsen. Der Baumeister und Steinmetz Paul Speck gestaltete hier eines der reichsten Portale Freibergs, dessen Tympanon Szenen aus dem erzgebirgischen Bergbau des frühen 16. Jahrhunderts zeigt. Es ist allerdings nur eine Kopie. Das außerordentlich wertvolle Original befindet sich im Stadt- und Bergbaumuseum. Auch im Inneren des heute als Wohn- und Geschäftshaus genutzten Gebäudes finden sich zahlreiche Portale, Halbrundsäulen und sogar die Reste von Wandmalereien aus der Erbauungszeit.

Am Wohnhaus **Nr. 18** prangt zwischen den Obergeschossen ein Relief von 1515, das Gottvater und die

Vorname und Name

Straße und Hausnummer

PLZ und Ort

E-Mail-Adresse

Datum und Unterschrift

An den
Lehmstedt Verlag
Hainstraße 1
D–04109 Leipzig

Liebe Leserinnen und Leser,
vielen Dank, dass Sie sich für einen Lehmstedt Reiseführer entschieden haben. Wir freuen uns, Ihre Meinung zu erfahren. Bitte schreiben Sie uns, wenn Sie Anregungen, Empfehlungen oder Berichtigungen haben. Gut verwertbare Informationen belohnen wir mit einem kostenfreien Lehmstedt Stadtführer Ihrer Wahl!
Vielen Dank!

Ich habe diese Karte folgendem Reiseführer entnommen:

____

❑ Bitte senden Sie mir regelmäßig kostenfrei und unverbindlich die Kataloge Ihrer Neuerscheinungen zu.

Ich möchte gern folgende Bücher aus Ihrem Verlagsprogramm bestellen und bitte um Lieferung gegen Rechnung an die umseitig genannte Adresse.

Anzahl	Autor, Titel

Ab einem Bestellwert von 20 € ist die Lieferung innerhalb Deutschlands versandkostenfrei.

info@lehmstedt.de

Löwenbrunnen auf dem Obermarkt

UNESCO Weltkulturerbe
Die Montanregion Erzgebirge/Krušnohoří wurde 2019 als herausragendes Zeugnis des immensen europa- und weltweiten Einflusses des sächsisch-böhmischen Bergbaus und als zusammenhängende Bergbaulandschaft mit gut erhaltenen Bergwerken, technologischen Ensembles und Wasserwirtschaftssystemen in die Liste des weltweiten Kulturerbes der UNESCO aufgenommen. Dazu zählen 22 Regionen in Sachsen und Tschechien, in denen die montanen Traditionen, Ideen und Überzeugungen noch heute lebendig sind.

Weltkugel darstellt. Der Schriftzug **»Ratsapotheke«** an der Nr. 23 verweist auf die Funktion des Gebäudes, das Elefantenrelief über dem ersten Geschoss auf den historischen Namen: »Privilegirte Apotheke zum Schwarzen Elephanten«. Elefanten galten einst nicht nur als Symbol für Keuschheit und Demut, sondern auch für kaiserliche Macht und Unsterblichkeit. Das Gebäude wurde um 1530 errichtet, etwa 50 Jahre später mit dem benachbarten Haus vereinigt und beherbergte seit 1631 die Apotheke, deren bekanntester Besitzer 1793 der Bergmeister und Erfinder Carl Emanuel Löscher war. Er ersann verschiedene originelle und nützliche Gerätschaften zum Abpumpen von Wasser aus Gruben.

Nicht ganz in der Mitte des Obermarkts, den Blick entschlossen nach Nordwesten gerichtet, erhebt sich über einem Brunnen die bronzene Statue des Markgrafen Otto der Reiche (Georg Gröne, 1897). Vier Löwen über vier Brunnenschalen flankieren den Stadtgründer Freibergs, weshalb er oft auch als Löwenbrunnen bezeichnet wird. Eine nicht ganz legale Tradition ist das »Löwenreiten«: Es gilt nur als wahrer Freiberger Student, wer beim Reiten auf den Löwen des Marktbrunnens von den Ordnungskräften erwischt wird.

2 | Rathaus

Ausgehend von der Urzelle Freibergs, dem Waldhufendorf Christiansdorf mit der Pfarrkirche St. Donati, schritt in den 1280er Jahren die städtische Entwicklung Freibergs fort, und es entstand die Oberstadt mit dem Obermarkt und der Marktkirche St. Petri. Geschützt durch eine markgräfliche Burg wiesen die vereinigten Viertel über 46 Hektar auf. Neben dem weitaus älteren Leipzig war Freiberg, das diesen Namen seit 1201 verwendet, die mit Abstand größte Stadt der Markgrafschaft Meißen. In den 1220er Jahren gab man sich als erste markmeißnische Stadt eine Stadtverfassung. Um diese Zeit herum muss ein erstes Rathaus gebaut worden sein, das zunächst als Dinghaus bezeichnet wurde. Zwei große Stadtbrände hinterließen daran so große Schäden, dass 1410–1417 auf den alten Kellergewölben ein neues Rathaus gebaut wurde. Der viereckige Turm an der Westseite wurde zwischen 1429 und 1442 errichtet, seinen Abschluss erhielt er aber erst 1618. Bis 1857 erhob sich ein hohes gotisches Steildach, das durch das niedrige Schiefersatteldach ersetzt wurde. 1920 wurden die Zwerchhäuser im Dach eingefügt.

Seine schlichte Front zum Obermarkt wird vom Turm und dem 1578 geschaffenen Erker betont. Aus dessen Gie-

Kunz von Kauffungen
1410–1455, Ritter. Sein spektakulärer Raub der Söhne des Kurfürsten Friedrichs II., Ernst und Albrecht, aus dem Altenburger Schloss machte ihn unsterblich. Er war ein Vasall, der treu seinem Herrn, dem Kurfürsten, gedient und im Sächsischen Bruderkrieg an seiner Seite gekämpft hatte, aber nach dem Friedensschluss um Lohn und Ehre betrogen wurde. Daraufhin wählte er ein bewährtes Mittel zur Wehr – die Fehde. Allein, er wurde im erzgebirgischen Waschleithe gefangengenommen und auf dem Marktplatz von Freiberg geköpft. Ein dunkles Rechteck im Pflaster erinnert an die Stelle, wo sein Kopf gefallen sein soll.

Erker am Rathaus

Zum ersten Mal wurde das **Steigerlied** 1678 in Schneeberg zu Ehren des sächsischen Kurfürsten Georg II. gesungen, der erste Druck erfolgte 1700 in Freiberg im »Bergliederbüchlein«: »Glück auf, Glück auf/ der Steiger kommt/ und er hat sein helles Licht bei der Nacht/ und er hat sein helles Licht bei der Nacht/ schon angezündt, schon angezündt.« Das Lied ist heute in beinahe allen Bergbauregionen anzutreffen, und verschiedene Fußballvereine in Bergbauregionen wie Aue, Saarbrücken, Essen und Bochum spielen und singen es in den Stadien. Seit 2023 zählt das Steigerlied zum Immateriellen Kulturerbe Deutschlands.

bel schaut ein Gaffkopf hinaus, bei dem es sich um den 1455 auf dem Markt enthaupteten **Kunz von Kauffungen** handeln soll. An der Front und den Seiten sind die Wappen Sachsens, Meißens, Hessen-Thüringens, Dänemarks und Freibergs angebracht. Im Turm erklingt täglich 11.15 Uhr und 16.15 Uhr das **Steigerlied**, gespielt von einem 12-teiligen Glockenspiel aus Meissener Porzellan.

Im Inneren des Rathauses kann im ersten Geschoss die offene Diele besichtigt werden. Drei spitzbogige Arkaden sind übriggeblieben von dem ehemals doppelt so langen Ratssaal. Hier findet sich eine einzigartige Sammlung sächsischer Fürstenporträts – ein Beleg für die herausgehobene Stellung Freibergs als Berghauptstadt und Begräbnisort der wettinischen Herrscher. Sehenswert ist die kleine Lorenzkapelle (1510), die mit ihrem von floralen Mustern umrankten Innenportal, dem Sternengewölbe und Wandmalereien aus der Entstehungszeit ein architektonisches Kleinod darstellt.

Nach Voranmeldung und Buchung in der Tourist-Information ist es möglich, die historischen Kellergewölbe mit Verliesen und Marterzellen sowie Reste der sieben Meter unterirdisch gelegenen »Anzüchte«, des mittelalterlichen Entwässerungssystems, zu besichtigen.

3 | Renaissanceerkerhaus

Das auch als »Schöner Erker« bezeichnete Patrizierhaus (Burgstraße 5), im 17. Jahrhundert Besitz des Bürgermeisters Johann Lindner, verfügt über einen der schönsten Erker Freibergs. Über Eck gestellt, wurde er 1616/18 von Landbaumeister Simon Hoffmann gefertigt und gipfelt in einem teils vergoldeten Sonnenrad.

Auf der gegenüberliegenden Straßenseite (Weingasse 2) lebte der Naturforscher Alexander von Humboldt, als er 1791 für acht Monate in Freiberg ein Zusatzstudium absolvierte. Fern aller kulturellen Betriebsamkeit konnte er hier seine Studien der Mineralogie, Probierkunde, Mathematik, Bergbau- und Maschinenkunde in kürzester Zeit abschließen, wofür er anderswo vielleicht drei Jahre gebraucht hätte. Das Gebäude, im 15. Jahrhundert errichtet, gehörte damals dem Bergschreiber und Bergamtsassessor Carl Friedrich Freiesleben.

4 | Petersstraße

Die Petersstraße wurde 1427 erstmalig erwähnt und ist heute die beliebteste Flaniermeile der Stadt. Gleich in der Nr. 1 empfängt das Café Hartmann seine Gäste in bester Wiener Kaffeehaustradition. Nur sehr widerstandsfähigen Gästen gelingt es, an den Torten der hauseigenen Manufaktur und den traditionellen Freiberger Köstlichkeiten wie dem »Bauerhasen« gleichgültig vorbeizugehen. Die Nr. 5, das ehemalige Hotel »Schwarzes Ross«, beherbergt heute das Studentenhaus »Alte Mensa« mit der »Abgang« benannten Bar im Gewölbekeller.

Die meisten Häuser der Petersstraße wurden nach dem großen Stadtbrand von 1484 in der ersten Hälfte des 16. Jahrhunderts erbaut, und so kann man beim Flanieren fein gearbeitete Portale, Sitznischen und unterschiedlich profilierte Fenstergewände betrachten. Aber auch Bauwerke des Historismus (Nr. 20a, 30) und des Barocks findet man. Hierfür ist das Gasthaus »Deutsches Haus« (Nr. 42) ein schönes Beispiel, das um 1700 entstand. Am nach dem Münzmeister Nikolaus Monhaupt (1403–1478) benannten und um 1530 erbauten Haus Petersstraße 46 erkennt man rechts oberhalb des feinornamentierten Sitznischenportals eine Tafel mit einem in Gold gefassten Bibelzitat (1529).

Bevor man nun zum Petriplatz einbiegt, sollte man dem 1985 von Bernd Göbel geschaffenen Fortunabrunnen einen Blick schenken. Anlass für seine Aufstellung war die 800-Jahrfeier Freibergs. Die auf dem Lebensbaum hockende nackte Glücksgöttin Fortuna wirkt etwas hinterhältig, während der Putto zu ihren Füßen viele Fragen zu haben scheint.

Fortunabrunnen

5 | Petrikirche

Mo–Sa ab 11 Uhr, **Turmführung** www.petri-johannis-freiberg.de; **Orgelvorspiel** Mai–Okt.: Mi 12–12.30 Uhr

Westlich des Obermarktes liegt auf dem höchsten Punkt der Stadt die Petrikirche. Als jüngste der vier Freiberger Kirchen demonstriert sie Stärke, Macht und Reichtum der wachsenden hochmittelalterlichen Stadt. Kurz nachdem sich der Landesherr, Markgraf Otto von Meißen, am Untermarkt eine Kirche mit vier Türmen hatte errichten lassen, zog die Stadtgemeinde nach und ließ um 1200 eine romanische Basilika mit nur drei Türmen, aber

ebenfalls eindrucksvollen Ausmaßen bauen. Reste des romanischen Baues sind noch im Chorraum sichtbar. Immer wieder brannte es in der Stadt, und immer wieder gab es danach die Gelegenheit, die Kirche im Zuge von Reparaturen zu modernisieren. Der Stadtbrand von 1386 ermöglichte die Errichtung des spätgotischen Chores; nach dem Brand von 1728 wurden neue Pfeiler und Emporen errichtet sowie die Seitenschiffe auf die Maße des Mittelschiffes erhöht, um so eine barocke Halle zu erhalten. Ihren letzten großen Umbau erfuhr die Petrikirche in den Jahren 1974–1986, als unter Leitung des Dresdner Bildhauers und Malers Friedrich Press die heute noch modern anmutende Innenraumgestaltung der Kirche geschaffen wurde.

Weithin sichtbar sind die Türme der Petrikirche, die die Silhouette der Stadt mitbestimmen – der Baukörper in seiner Gesamtheit ist hingegen von der Bebauung des Petriplatzes so dicht umstanden, dass man der tatsächlichen Dimensionen kaum gewahr wird. An der südlichen Apsis steht der runde Hahnenturm mit barocker Haube. Die Westfront wird von zwei Türmen beherrscht, wovon in dem kleineren, dem sogenannten Faulen Turm, die beiden Hauptglocken hängen, während im beinahe 72 Meter hohen Petriturm bis 1905 die Türmer wohnten. Er gehörte bis 1996 der Stadt Freiberg, die von hier aus die Feuerwacht über die Stadt innehatte.

Im Inneren der Petrikirche überwiegt die moderne nüchterne Ausgestaltung. Die heute die Gemeinderäume beherbergenden Seitenschiffe sind mit Wänden abgetrennt; der Altar ist vom Mittelschiff durch eine Glaswand geschieden. Nur noch wenige barocke Relikte sind zu besichtigen. Sehenswert sind Kanzel, Taufstein und Lesepult in spätbarocken Formen, geschaffen von Johann Christian Feige d.Ä. (1733/34). In einer Vitrine ausgestellt ist die Predella des Schmelzer-Altars (um 1500). Eine wahre Augenweide ist der Prospekt der Silbermann-Orgel, ebenfalls geschaffen von Feige d. Ä. 1735 erfolgte die Orgelweihe der zweitgrößten Orgel der Freiberger Kirchen und der überhaupt größten zweimanualigen Orgel Silbermanns. 2007 umfassend saniert, ist sie heute ein ideales Instrument für die Interpretation von Orgelwerken vom Barock bis hin zu Felix Mendelssohn Bartholdy.

Grete Beier
1885–1908. Beier war die letzte Frau, die im Königreich Sachsen hingerichtet wurde. Angeklagt wurde sie, ihren Verlobten am Vorabend der geplanten Hochzeit zunächst mit Zyankali vergiftet und ihn zusätzlich, um seinen Selbstmord vorzutäuschen, erschossen zu haben. Erst versuchte die junge Frau, andere zu belasten, dann stellte sie ein Gnadengesuch an den sächsischen König, das abgelehnt wurde. Im Hof des Landgerichts am Albertpark vollzog der letzte Landesscharfrichter des Königreichs, Moritz Brand aus Oederan, auf dem Schafott die Hinrichtung, die von 200 Schaulustigen besucht wurde. Nicht nur Kurt Tucholsky alias Ignaz Wrobel glossierte den Fall, auch Guntram Vesper widmete sich ihm ausführlich in »Frohburg« (2016).

6 | Petriplatz

Andreas Hammerschmidt
1611–1675, Komponist und Organist. Seine protestantischen Eltern waren 1626 aus dem katholischen Böhmen nach Freiberg geflohen. Hier erhielt Hammerschmidt eine musikalische Ausbildung und wurde 1634 Organist an St. Petri. Er zählt zu den produktivsten protestantischen Kirchenmusikkomponisten (Lieder, Motetten, Kantaten, Vokal- und Instrumentalmusik), galt aber gleichzeitig als aufbrausender und gewalttätiger Mann, berüchtigt für Handgreiflichkeiten in der Öffentlichkeit. Hammerschmidt ging 1639 als Organist an St. Johannis nach Zittau, wo er als wohlhabender Mann verstarb.

Der Petriplatz rund um die Kirche ist eine malerische Kulisse mit niedrigen, meist zweigeschossigen Häusern, deren rote steile Dächer Behaglichkeit ausstrahlen. Neben dem Kircheneingang steht das Kantorenhaus (Nr. 5), in dem u.a. **Andreas Hammerschmidt** lebte. Gegenüber, im Renaissancehaus aus dem 16. Jahrhundert (Nr. 3), wohnte Ulrich Rülein von Calw (1465–1523), Bürgermeister der Stadt, Schulgründer und Arzt, der mit seinem Buch »Ein nützlich Bergbüchlein« die Grundlagen der Montanwissenschaften legte. An der nördlichen Platzfront, der Waisenhausstraße 10, weisen zwei Gedenktafeln auf ihre einstigen prominenten Bewohner hin: Christlieb Ehregott Gellert, Bruder des Dichters Christian Fürchtegott Gellert, ein bedeutender Metallurge und Mineraloge, und Friedrich August Breithaupt, ein Mineraloge und Meister im Bestimmen von Kristallen. An der Waisenhausstraße 7 erinnert eine Gedenktafel an die weitverzweigte berühmte Glockengießerfamilie Hilliger. Wolf(gang) Hilliger, dessen Grab sich in der Nordkapelle der Petrikirche befindet, goss die kleine Glocke im Faulen Turm. Eine Hilliger-Glocke erklingt noch heute in der Leipziger Thomaskirche.

7 | Bergakademie

Historicum/Karzer/Winkler-Gedenkstätte
Besichtigung nach Voranmeldung unter
norman.pohl@iwtg.tu-freiberg.de

Im Zuge der Reform des wirtschaftlichen Lebens nach dem Siebenjährigen Krieg machte der sächsische Generalbergkommissar Friedrich Anton von Heynitz gemeinsam mit dem Freiberger Oberberghauptmann Friedrich Wilhelm von Oppel am 15. November 1765 dem zu Besuch weilenden Prinzregenten Franz Xaver von Sachsen den Vorschlag, eine mit staatlichen Mitteln finanzierte geometrische Zeichenschule und metallurgische und chemische Schule zu eröffnen. Die Mehrung des Wissens sollte den Aufschwung des Landes befördern. Der Vorschlag wurde angenommen, und bereits ein halbes Jahr später konnten die Vorlesungen an der neugeborenen »Berg-Akademie« beginnen, die damit die älteste noch bestehende montanwissenschaftliche Hochschule der Welt ist.

Das auch Oppelsches Haus genannte spätgotische Gebäude wurde bereits um 1530 errichtet. Friedrich Wilhelm von Oppel bewohnte es bis zu seinem Tod.

Die 1993 so benannte **TU Bergakademie Freiberg** ist heute unter dem Motto »Ressourcenuniversität« mit rund 3600 Studenten eine eher kleine Universität. Als Mitglied der Deutschen Forschungsgemeinschaft bietet sie aufgrund exzellenter Infrastrukturen die besten Voraussetzungen für Spitzenforschung, z.B. in der Halbleiterforschung, was verstärkt zur Ansiedelung verwandter Industrien führt. Neben ihren klassischen Kompetenzen, anknüpfend an die großen Traditionen in den Geo- und Werkstoffwissenschaften, hat sich die TU ebenfalls einen hervorragenden Ruf in den Umweltwissenschaften erworben.

1766 wurde im Erdgeschoss der Lehrbetrieb eröffnet. Nach umfangreichen Umbauten des 19. Jahrhunderts findet man hier heute das Rektorat und verschiedene Diensträume der TU Bergakademie Freiberg. Von der originalen Bausubstanz sind noch der Eingangsbereich und die Aula erhalten. Im Vorderhaus hin zur Nonnengasse (Nr. 22) ist der 1843 eingerichtete Studentenkarzer erhalten. Das 2015 eröffnete Historicum zeigt eine wissenschaftliche Ausstellung zur Geschichte der Bergakademie, in der bedeutende Wissenschaftler und ihre Leistungen anhand von Exponaten vorgestellt werden. Eine Gedenkstätte für den Freiberger Clemens Winkler (1838–1904), Chemiker und Entdecker des Elements Germanium, befindet sich in der Brennhausgasse 5.

In der Nonnengasse 17 wurde der Begründer der modernen Geodäsie, der Wissenschaft von der Ausmessung und Abbildung der Erdoberfläche, Friedrich Robert Helmert (1843–1917) geboren.

Dietrich von Freiberg
Um 1240 – nach 1310, Philosoph, Theologe und Physiker. Dietrich trat mit etwa 18 Jahren dem Dominikanerorden bei, studierte wahrscheinlich zunächst in Köln und ab 1272 in Paris, wo er als zweiter deutscher Dominikaner die Magisterwürde errang. Bereits um 1271 war er Lektor in Freiberg geworden. 1293 wurde er zum Leiter der Dominikaner-Provinz Teutonica gewählt. Zu seinem Vikar ernannte er den Mystiker Meister Eckart. Überliefert sind von ihm zahlreiche theologische, philosophische und, besonders aus seinen späteren Lebensjahren, naturwissenschaftliche Schriften. Er verstand die Philosophie als konsequentes Wissen von sich selbst, von Gott und der Natur.

8 | Schloßplatzquartier

Das Areal zwischen Prüferstraße und Schloßplatz, das Schloßplatzquartier, wurde 2015 frisch saniert der TU Bergakademie Freiberg übergeben. Die verschiedenen universitären Einrichtungen stehen auf geschichtsträchtigem Boden, denn hier befand sich von 1243 bis zur Reformation das Dominikanerkloster St. Pauli. Der bekannteste Ordensbruder war **Dietrich von Freiberg**, der in seiner Schrift »Über den Regenbogen« anhand der Brechung des Lichts an einem Kristall das Phänomen des Regenbogens neu erklären konnte.

2020 wurde in der Prüferstraße nach umfangreichen archäologischen Untersuchungen, bei denen u. a. Archäocopter, also Minidrohnen für Archäologen, zum Einsatz kamen, ein neues Hörsaalgebäude (Eßmann/Gärtner/Nieper/Architekten GbR) erbaut. Der Eindruck, den die fensterlose und nur mit einem Schmuckband strukturierte helle Sandsteinfassade auslöst, ist beklemmend. Freier und entspannter wirkt die Hofseite. Im weiträumigen Foyer kann man einige Funde der Archäologen besichtigen.

9 | Silbermann-Haus

Tourist-Information ganzjährig Mo–Fr 10–18 Uhr; Jan.–März: Sa 10–13 Uhr; Apr.–Dez.: Sa/So 10–12.30/ 13.15–16 Uhr; **Silbermann-Haus** Di–So 11–17 Uhr

Das Haus an der Ostseite des Schlossplatzes (Nr. 6) ist das Wohn- und Werkstatthaus des berühmtesten Orgelbauers Sachsens, **Johann Gottfried Silbermann**. 1711 bezog er die einstige Regimentswache und lebte darin bis zu seinem Tode. Hier baute er nicht nur Orgeln, insgesamt etwa 50, von denen noch 31 in Sachsen und allein vier in Freiberg erhalten sind, sondern auch Cembali, Clavicorde und Hammerflügel. Silbermanns Orgeln sind eng mit der Entwicklung der barocken Musikkultur verbunden. Sie zeichnen sich durch eine vorzügliche Verarbeitung bester Materialien aus, und die Klarheit und Lieblichkeit ihres Klanges wurden und werden gepriesen. So jubelte 1743 der Greizer Organist Johann Gottfried Donati: »Oh Silber-Klang!«, und selbst Mozart befand: »Es sind über die Maßen herrliche Instrumente.«

In der Ausstellung können Besucher in einem virtuellen 360-Grad-Rundgang durch die große Domorgel die Kunst des Orgelbauers Silbermann kennenlernen, in der

Johann Gottfried Silbermann
1683–1753, Orgel- und Klavierbauer. Über den bedeutendsten mitteldeutschen Orgelbauer des Barocks ist wenig bekannt, nicht einmal ein Bildnis von ihm existiert. Der Sohn eines Zimmermanns folgte 1702 seinem Bruder Andreas nach Straßburg und ließ sich dort von ihm zum Orgelbauer ausbilden. 1710 kehrte er nach Sachsen zurück und baute ein erstes Instrument für seine Heimatstadt Frauenstein. Mit 27 Jahren erhielt er durch Vermittlung des Leipziger Thomaskantors Johann Kuhnau den Auftrag, für den Freiberger Dom eine Orgel zu bauen, und eröffnete eine Werkstatt.

Als **Berggeschrey** wird die schnell umlaufende Nachricht vom Auffinden einer lohnenden Lagerstätte von Erzen bezeichnet, die viele Menschen in eine eigentlich unwirtliche Gegend lockt. Man kann es mit dem Goldrausch im 19. Jahrhundert in Nordamerika vergleichen. Auch hier zog die Kunde nicht nur hart arbeitende Bergleute an, auch Köhler, Vagabunden u.a. strömten hinzu. Die Einwohnerzahl der betroffenen Regionen stieg sprunghaft an, und es entwickelten sich größere Ortschaften, wo vorher nur Siedlungen bestanden. Das bislang letzte Berggeschrey im Erzgebirge wurde 1946 angestimmt, als dort der Uranabbau begann.

historischen Schauwerkstatt Werkbänke, Werkzeuge und Materialien besichtigen, ein spielbares Orgelmodell des Dresdner Orgelbauers Kristian Wegscheider ausprobieren und im Silbermann-Zimmer, das Platz für Vorträge und kleine Konzerte bietet, anhand eines Registrier-Modells des Leipziger Klangkünstlers Erwin Stache das Registrieren (Ziehen der Orgelregister) kennenlernen.

10 | Schloss Freudenstein

»terra mineralia« Di–Fr 10–17 Uhr, Sa/So 10–18 Uhr
Bergarchiv Mo/Mi 8.30–18 Uhr, Di/Do 8.30–16 Uhr

Als 1168 in der Gegend um Freiberg herum Silberfunde gemacht wurden, kam es zum Ersten **Berggeschrey**. Das beginnende Berg- und Hüttenwesen begünstigte eine rasante städtische Entwicklung. Zum Schutze dieser wunderbaren Geldquelle ließ der wettinische Markgraf **Otto von Meißen** eine Burg errichten. Deutlich sichtbar stand sie auf einem Sporn des Saubachtals. 1312 wurde sie als »dazhus« urkundlich erwähnt, der Name »Freudenstein« wurde erst ab etwa 1525 gebraucht. Immer wieder wurde an der Burg gebaut, bis 1505 Herzog Hein-

rich der Fromme die Ämter Freiberg und Wolkenstein als Herrschaftsgebiet erhielt. Er wählte Freiberg als Residenz und heiratete hier 1512 Katharina von Mecklenburg. Wohl auch auf Betreiben der Lutheranerin Katharina führte Heinrich 1537 zunächst nur in seinen Ämtern und zwei Jahre später im gesamten albertinischen Sachsen die Reformation ein. Im Laufe von 14 Jahren wurden dem Paar sechs (überlebende) Kinder geboren, darunter die späteren Kurfürsten von Sachsen, Moritz und August. Unter Letzterem fand ab 1566 ein völliger Neubau der spätmittelalterlichen Anlage Freudenstein statt, mit dessen Leitung der kursächsische Baumeister Hans Irmisch beauftragt worden war. Wie für Renaissanceschlösser typisch, waren die Räume als aufeinanderfolgende Appartements angeordnet. Die 1576 geweihte Schlosskirche, eine rechteckige Halle, galt als Musterbau protestantischen Kirchenbaus.

Konnte das Schloss im Dreißigjährigen Krieg noch als militärischer Stützpunkt genutzt werden, setzte im 18. Jahrhundert der Verfall ein. Zu Gast weilende Fürsten nahmen lieber Quartier in den komfortabler ausgestatteten Freiberger Bürgerhäusern. Nach der Schlacht bei Freiberg im Siebenjährigen Krieg, als im Schloss Tausende gefangene Österreicher untergebracht waren, setzten

Otto von Meißen
1125–1190, später genannt Otto der Reiche, Markgraf. Als Sohn von Markgraf Konrad I. erbte er die Markgrafschaft Meißen, die er zu einem prosperierenden Land entwickeln konnte. Er verlieh Leipzig das Stadtrecht und ermöglichte ab 1168 durch den Schutz des Abbaus von Silber das Erblühen Freibergs zur bedeutendsten Bergbaustadt seines Herrschaftsgebiets. Nach seinem Tod wurde er in dem von ihm gestifteten Zisterzienserkloster Altzella bei Nossen begraben. Dort ist aber nur noch seine Grabplatte zu finden, denn die Stiftskirche brannte 1599 ab.

Krüger-Haus mit Denkmal für die Revolution 1848/49

Das **Besucherbergwerk Freiberg** (Fuchsmühlenweg 9, 09599 Freiberg) ist mit 800 Jahren eines der ältesten in Sachsen. Mit 1000 Erzgängen auf einem Gebiet von 5 x 6 Kilometern unter der Silberstadt kann das heutige Forschungs- und Lehrbergwerk der TU Bergakademie Freiberg aufwarten. Besucher können über- und unterirdisch auf verschiedenen Zechentouren die Spuren des Bergbaus vom Mittelalter bis in die Zukunft kennenlernen. Touren und Öffnungszeiten unter: www.silberbergwerk-freiberg.de

gar Verkaufsverhandlungen mit der Stadt ein, die jedoch ergebnislos blieben. Ab 1784 verfügte der sächsische Militärfiskus über Freudenstein und veranlasste Umbauten zum Getreidespeicher, später zum Bergmagazin. Nachdem es 1961 per Grundbucheintrag in den Besitz des Volkes ging, nutzte es der Volkseigene Erfassungs- und Aufkaufbetrieb (VEAB) als Getreidespeicher, bis 1980 der Denkmalschutz einzog, der erste Sicherungs- und Sanierungsmaßnahmen einleitete.

2004 kam es zum Erwerb des Schlosses durch die Stadt Freiberg, die es bis 2008 nach einem weltweiten Wettbewerb vom Architektenbüro AFF Architekten Berlin/Lausanne umbauen ließ. Dabei erfolgte die Einsetzung eines Magazinneubaus in die oberen Etagen des zuvor entkernten Kirchenflügels (rechts neben der Toreinfahrt). Dessen außergewöhnliche, schießschartenartige »Hutzen« der nördlichen Flanke korrespondieren mit den winzigen Speicherfenstern. Einer der Nutzer ist das **Bergarchiv Freiberg**, ein weltweit einmaliges Zentrum der Montangeschichte. Seine Bestände sind aus den Registraturen der sächsischen Bergverwaltungen hervorgegangen und umfassen etwa 4800 Regalmeter an Akten und Bergbüchern, Rissen, Dokumenten, Zeichnungen, Plänen, Karten und Fotografien.

Publikumsmagnet ist seit 2008 die **»terra mineralia«**, eine Dauerausstellung der TU Bergakademie Freiberg, die mit über 3500 Mineralen, Edelsteinen und Meteoriten eine der schönsten, größten und faszinierendsten Mineralienausstellungen der Welt zeigt. Möglich machte dies eine Dauerleihgabe der Chemikerin, Biologin und Unternehmerin Erika Pohl-Ströher (1919–2016), die die Mineralien in mehr als 60 Jahren gesammelt hat. Die herrlichen Steine befriedigen die Schaulust in großem Maße, aber gleichzeitig erfährt man auch beinahe alles, was es über Mineralien zu wissen gibt. Neugierige können sich im Wissenschaftszentrum selbst an die Bestimmung von Mineralien machen. Im Krüger-Haus am Schlossplatz 3, 1510/12 als Amtshaus des Hofmeisters errichtet und nach der Dr. Erich-Krüger-Stiftung benannt, wird den Besuchern eine einzigartige Ausstellung deutscher Minerale präsentiert.

Nördlich vom Schloss hat sich ein Relikt der alten Burgbefestigung erhalten, der Altschlossturm. Mit seinem Balkon und dem Spitzdach steht er auf wesentlich höherem Niveau als die Stadtmauer und hatte wohl die Funktion eines Wehrturms.

Novalis
1772–1801, eigentlich Georg Philipp Friedrich Freiherr von Hardenberg, bedeutender Vertreter der Frühromantik, Philosoph und Bergbau-Ingenieur. Nach Studien in Jena, Leipzig und Wittenberg und einer Tätigkeit in der Salinenwirtschaft in Weißenfels studierte Novalis zwei Jahre an der Bergakademie Freiberg. Er wohnte in der Burgstraße 9. Seine Lehrer waren Lampadius und Winkler, dem er in seinem »Heinrich von Ofterdingen« ein Denkmal setzte. Als Dichter prägte er den Begriff der Romantik und strebte eine Verbindung der Wissenschaften mit der Poesie an.

11 | Geschwister-Scholl-Gymnasium – Haus Albertinum

Humboldtschacht
Am Giebel des Werner-Baus wurde bei Sanierungsarbeiten 2019 der »Familienschacht« wiederentdeckt. Er ist einer der wenigen Schächte, die innerhalb der Freiberger Stadtmauern abgeteuft wurden. Wahrscheinlich war der Schacht Ein- und Ausstieg zur Grube »Neubeschert Glück in der Stadt«, die nur knapp einhundert Jahre lang bis 1799 ausgebeutet wurde. Als Alexander von Humboldt in Freiberg studierte, stieg er am 5. Juli 1791 in die Grube ein. Aus dem Familienschacht ist er wieder ausgefahren. Aus Sicherheitsgründen ist der Schacht nicht öffentlich zugänglich; online ist er jedoch virtuell erlebbar.

Vom Schloss aus führt die Silbermannstraße in nordwestlicher Richtung direkt zum Haus Albertinum. 1515 als Lateinschule am Untermarkt von Ulrich Rülein von Calw gegründet, war es eines der ersten vom Humanismus geprägten Gymnasien Sachsens. Die Grundsteinlegung des neoklassizistischen Gebäudetrakts erfolgte 1873, zwei Jahre darauf erhielt die Schule zur Eröffnung den Namen König Alberts von Sachsen. 1949 beschloss der Rat der Stadt, dem Albertinum und der 1902 errichteten Dürerschule an der Pfarrgasse den gemeinsamen Namen der Geschwister Scholl zu verleihen. Im Albertinum befindet sich eine der wenigen erhaltenen historischen Schulbibliotheken, benannt nach Andreas Möller (1598–1660). Er war nicht nur Konrektor der ersten Lateinschule, sondern erwarb 1653 mit der Herausgabe des »Theatrum Freibergense Chronicum« lokalgeschichtlichen Ruhm. Möller verfasste zudem den ersten Bestandskatalog der Bibliothek, zu deren Altbestand mehr als 500 Inkunabeln und zahlreiche Drucke des 16., 17. und 18. Jahrhunderts gehören, darunter der einzige Freiberger Wiegendruck, ein von Konrad Kachelofen gedrucktes Messbuch (1495).

12 | Werner-Bau

Geowissenschaftliche Sammlungen
Mo–Do 9–12 / 13–16 Uhr

In der Brennhausgasse lagert breit das 1916 errichtete Gebäude des Mineralogischen Instituts der TU Bergakademie Freiberg, benannt nach **Abraham Gottlob Werner**. Hier hat die Mineralogische Sammlung der Geowissenschaftlichen Sammlungen eine Heimat gefunden. Nur 5% der 93 000 »Stufen« der Sammlung, also Verwachsungen gut ausgebildeter Kristalle (Einzelkristalle sind keine Stufen), sind zu sehen. Dazu gehören u.a. der Nachlass von Werner sowie der berühmte Meteorit von Oberrittersgrün, einer der schönsten und interessantesten Eisen-Meteorite, der 1833 mit einem Durchmesser von 40 Zentimetern und einem Gewicht von 86,5 Kilogramm gefunden wurde. Nach dem äußerst langwierigen Zerschneiden in Wien erhielt Freiberg den Hauptschnitt, der allein 55 Kilogramm wiegt. Weitere Schwerpunkte der ständig weiter anwachsenden Sammlung sind Funde aus dem Uranerzbergbau im Erzgebirge, aber auch aus Lagerstätten in Skandinavien, Afrika und Südamerika.

Abraham Gottlob Werner
1749–1817, Mineraloge und Geologe. Im oberlausitzischen Wehrau geboren, studierte Werner Jura, neue Sprachen, Philosophie und Mineralogie. Während des Studiums begann er mit der Beschreibung und Klassifikation der wahrnehmbaren Kennzeichen von Mineralen. Er war Aufklärer und Freimaurer, seit 1775 Lehrer und Inspektor der Bergbaukunst und Mineralogie an der Bergakademie. Zu seinen Schülern zählten Novalis und Alexander von Humboldt. Als »Vater der wissenschaftlichen Mineralogie« vertrat er die neptunistische Theorie, wonach alle Gesteine aus dem heißen Wasser des Urozeans stammen.

13 | Hotel Freyhof

Reformation in Freiberg
Bevor Heinrich der Fromme 1537 in seinem Herrschaftsgebiet die Reformation durchsetzte, gärte es schon lange in der Stadt. 1517 hatten die Bürger den Ablasshändler Tetzel der Stadt verwiesen, immer mehr Nonnen flohen aus den Klöstern, und die Mönche begannen, reformatorisch zu predigen. So weiß man von Valentin Beltzing, dass er 1533 von der Hospitalkirche St. Johannis nach einer reformatorischen Predigt entlassen wurde, um gleich darauf »das Wort Lutheri von Wort zu Wort in der NiclasKirchen zu predigen«. Er war der Erste, der öffentlich »Gottes Wort lauter und rein in Freyberg« verkündigte.

Auf der gegenüberliegenden Straßenseite erhebt sich die steile Fassade des Hotels Freyhof. Hier, auf einstigem Burglehngelände, befand sich ein 1500 erstmals erwähntes Freihaus, das wie die umliegenden Freihäuser und -höfe von Hofbeamten bewohnt wurde. Sie unterlagen nicht dem städtischen Recht und waren von Steuern und Abgaben befreit. Das Freihaus wechselte mehrfach den Besitzer, so besaß es die Bürgermeisterfamilie Alnpeck um 1523. Nach dem Dreißigjährigen Krieg befand es sich in bejammernswertem Zustand, sodass es der Besitzer um- und ausbauen ließ. Nun in frühbarockem Stil mit Treppenturm und barocker Laterne, diente es noch im 19. Jahrhundert als Wohnhaus, bis es die Stadt Freiberg zunächst als Armenhaus, dann als Kindergarten und Kinderhort nutzte. Seit dem grundlegenden Umbau 2016 empfängt es als Hotel seine Gäste.

14 | Ehem. Franziskanerkloster

Nördlich des Freyhofes steht eines der malerischsten Häuser von Freiberg. 1509 im spätgotischen Stil erbaut, war sein nördlicher Giebel in die Stadtmauer integriert. Es war Bestandteil des 1233 gegründeten Franziskanerklosters. Die **Reformation** kam auch in Freiberg nicht wie ein Blitz aus heiterem Himmel, zu heftig und begründet war die Kritik, zu der die Domherren Anlass gaben, und die warnende Schrift Luthers **»Das Munchkalb zu Freyberg«** von 1523 veranlasste manche Mönche, das Evangelium gut reformatorisch zu predigen oder ihre Orden gleich ganz zu verlassen. Auch das Franziskanerkloster wurde säkularisiert. Das erhaltene Gebäude, architektonisch hochinteressant mit seinen Kielbogenfenstern, diente der Stadt zunächst als Findelhaus und bis 1861 als Krankenhaus.

Vom Parkplatz aus hat man einen guten Blick auf ein erstaunlich wohlerhaltenes Stück Stadtmauer, und links sieht man den viereckigen Turm des Pestpfarrers sowie rechts den Oberen Rossmühlenturm. Nach 1210 erfolgte die Ummauerung der gesamten Stadt Freiberg, und noch im 17. Jahrhundert standen in der rund 2,7 Kilometer langen und zwischen 6 und 10 Meter hohen Ringmauer 39 Türme, fünf Haupttore und weitere 18 Außenwerke – heute sind von der Stadtbefestigung nur noch wenige Reste erhalten. Zwischen 1816 und 1877 wurden die fünf Tore niedergelegt.

»Das Munchkalb zu Freyberg«
Am 8. Dezember 1522 (nach Andreas Möller am 29. Juni 1523) wurde in Freiberg ein missgestaltetes Kalb in einer geschlachteten Kuh gefunden. Sein Kopf sei dergestalt entstellt gewesen, als dass er völlig platt und nur mit einer mönchsähnlichen Tonsur bewachsen war. Auch habe er zwei warzengleiche Hörner gehabt, und die Haut habe ausgesehen wie eine Mönchskutte. Zahlreiche Flugblätter verhalfen dem Mönchskalb zu Berühmtheit. Luther nutzte diese und machte daraus eine Waffe im reformatorischen Kampf: die Mönche verbreiteten widergöttliche Lehren in ihren Klöstern!

15 | Untermarkt

Theodor Körner
1791–1813, Dichter. Er studierte 1808–1810 an der Bergakademie und ging als Dichter in den antinapoleonischen Befreiungskriegen in die Geschichte ein. Seit 1811 studierte er in Berlin Geschichte und Philosophie und geriet in den Bannkreis Friedrich Ludwig Jahns. Als bereits prominenter Dramenautor trat er 1813 in das Lützowsche Freicorps ein und fiel am 26. August 1813 in einem Gefecht bei Gadebusch. 1814 erschienen posthum seine patriotischen Gedichte »Leier und Schwert«, die in der Vertonung von Carl Maria von Weber deutschlandweite Begeisterungsstürme auslösten.

Um 1180 entstand an einer Fernstraßenkreuzung der heutige Untermarkt, ehemals der Aschmarkt für gebrannte Töpferwaren. Er wirkt nicht so einheitlich wie der Obermarkt, man vermisst eine schöne quadratische Übersichtlichkeit, dennoch besticht er durch die Ostfront des Doms, den Ostgiebel des ehemaligen Domherrenhofes und seine geschlossene historische Bebauung. Als eines der wenigen spätgotischen Häuser, die den großen Stadtbrand von 1484 überstanden haben, steht neben dem Domherrenhof die einstige Dechantei (Nr. 1), heute die Ev.-Luth. Superintendentur Freiberg. Im Nachbarhaus, Nr. 2, lebte der Dichter **Theodor Körner** während seines Studiums an der Bergakademie. Auch die südöstliche Front des Untermarktes besticht mit einer Zeile denkmalgeschützter historischer Gebäude. In der Nr. 21, dem ehemaligen Gasthof »Goldene Pforte«, lebte Johann Christoph Demantius (1567–1643), ein äußerst produktiver Komponist kirchenmusikalischer Werke, der seit 1604 als Domkantor in Freiberg wirkte. An der nordöstlichen Front des Untermarktes plätschert seit 1999 der Gerberbrunnen. Er ist ein Werk des Freiberger Bildhauers Gottfried Kohl, von dem allein in Freiberg 27 Arbeiten zu entdecken sind.

16 | Dom St. Marien

täglich geöffnet, Öffnungs- und Führungszeiten unter www.freiberger-dom.de

Domladen Tel. 03731 2 25 98, verkauf@freiberger-dom.de

Bereits um 1180 erhielt die untere Stadt auf markgräflichen Befehl die romanische Pfarrkirche St. Marien. 1480 wurde sie auf Betreiben des Kurfürsten Ernst von Sachsen von Papst Sixtus IV. zur Kollegiatstiftskirche erhoben, was der Stadt erhebliches Ansehen verlieh. Aber bereits vier Jahre später wurde die Kirche bei dem verheerenden Stadtbrand fast vollständig zerstört. Wie durch ein Wunder verschont geblieben waren die Goldene Pforte, Teile des Chores und die Triumphkreuzgruppe, die in den Neubau integriert wurden. Der Wiederaufbau in nunmehr spätgotischer Gestalt wurde durch den Verkauf von **»Butterbriefen«** finanziert. Die Namen zweier Baumeister sind Johann und Bartholomäus Falkenwaldt; auch ein Meister Symon, »Parlir von Freyberg«, gilt als wahrscheinlich. 1501 erfolgte die Weihe des neuen Doms.

Schon immer diente der Dom als Hofkirche. Unter Heinrich dem Frommen konnte 1537 erstmals ein evangelischer Gottesdienst gefeiert werden. Nachdem das

»Butterbriefe«

Papst Innozenz VIII. hatte 1491 gestattet, dass gegen die Zahlung von einem Zwanzigstel eines Rheinischen Guldens während der Fastenzeit Butter und Milchspeisen verzehrt werden durften. Das Geld, das man damit einnahm, sollte – nach Abzug eines Viertels für den Petersdom in Rom – dem neuen Dom in Freiberg zugutekommen. Diese päpstliche Milde hatte aber auch noch einen gewichtigeren Grund: immer schon hatten es die Wettiner verstanden, sich Rom gegenüber als Verteidiger der katholischen Orthodoxie und als Bollwerk gegen die ketzerischen Böhmen darzustellen.

Chorherrenstift aufgelöst worden war, ließ sich Heinrich als erster Wettiner eben dort beisetzen. Sein Sohn, Kurfürst August, beauftragte den in Dresden ansässigen Bildhauer Giovanni Maria Nosseni, Pläne für eine prächtige Grablege im Chor zu erstellen. Nosseni gelang es, den italienischen Bildhauer Carlo di Cesare del Palagio dafür zu gewinnen, die Bronzefiguren zu gießen. 1594 wurde die rein protestantische Grablege vollendet, die bis 1696 allein 38 Mitglieder der sächsischen Königsfamilie aufnahm und erst geschlossen wurde, als August der Starke zum römisch-katholischen Glauben konvertierte. 1950 kamen noch elf Särge aus der Krypta der 1945 zerstörten Dresdner Sophienkirche hinzu.

Erst wenn man den Innenraum betritt, wird man sich der gewaltigen Maße dieser wohl bedeutendsten spätgotischen Hallenkirche Sachsens bewusst. Alle drei Schiffe haben die gleiche Höhe, langgezogene Pfeiler führen den Blick in die Höhe, und die steil ansteigenden Gewölbeanfänger verstärken den Eindruck des Vertikalen.

Gleich zwei Kanzeln stehen im Mittelschiff nebeneinander. Berühmt ist die freistehende **Tulpenkanzel** aus dem Jahr 1505, ein Meisterwerk aus Hilbersdorfer Porphyrtuff des Meisters H. W. Das kühn in den Raum strebende Gewächs hat nichts mit einer Tulpe zu tun, zu Beginn des 16. Jahrhunderts kannte man Tulpen in Europa noch gar nicht. Der Name kam erst im 19. Jahrhundert auf. Tatsächlich sieht man hier ein fantastisches Gewächs, zusammengesetzt aus verschiedenen Pflanzen. Die vier Kirchenväter und Engel bevölkern die Kanzel. Ein die »vita activa« verkörpernder Jüngling trägt die Treppe auf seinen Schultern, dem als Gegenstück die »vita contemplativa« entgegengestellt ist, ein in sich ruhender gutgekleideter Mann mit Rosenkranz. Über allem schwebt im Kanzeldeckel die Muttergottes mit Kind im Strahlenkranz. Die Löwen an der Treppe hatten wohl die Aufgabe, die neugierigen Gläubigen, die sich hinter der Kanzel aufhalten wollten, mit grimmigen Blicken wieder nach vorn zu treiben. Eine feste Bestuhlung gab es noch nicht, und zu den Messen versammelten sich die Leute unter der Kanzel. Die **Bergmannskanzel** am Pfeiler daneben ist ein Werk aus dem 17. Jahrhundert, eine Stiftung des Bürgermeisters Jonas Schönlebe, die Szenen der Passion Christi mit Figuren des Bergbaus verbindet.

Hermann von Pückler-Muskau schrieb im ersten Band von »Semilassos vorletzter Weltgang« (1835) über Freiberg: »Ich fuhr auch in einige Schachten, was sehr angreifend und schmutzig ist und wozu man eine Nachtmütze aufsetzen, so wie das gewisse Leder anschnallen, dessen Name in guter Gesellschaft nicht zu nennen ist. Ich irrte einige hundert Fuß tief in den Eingeweiden der Erde umher, aber kein ehrlicher Kobold oder Gnom wollte mir erscheinen. Über der Erde ist die Gegend um die Stadt her trostlos traurig. In der Cathedrale befindet sich die schönste Steinkanzel, die ich kenne.«

0 1-5
3 1-3
4
9
-3 7
4
9
7145

Was man heute noch vom bereits ab 1480 abgebrochenen Lettner sehen kann, sind nur Überreste der mit einem reichen Bildprogramm ausgestatteten Schauwand. Erhalten blieb neben einigen Steinplatten die **Triumphkreuzgruppe** aus Eichenholz, deren Entstehung auf das Jahr 1225 datiert wird. Noch fast in romanischer Tradition, allerdings bereits mit nur drei Nägeln am Kreuz fixiert, ist Jesus als König der Welt dargestellt. Maria auf einer Schlange und Johannes auf einem wolfsähnlichen Untier, das einen Apfel isst, symbolisieren die Überwindung des Sündenfalls. Hinter der Tulpenkanzel hat eine **Pietà** Aufstellung gefunden (um 1430). In dieser spätgotischen Phase hat man den Realismus bereits auf die Spitze getrieben und den Leichnam Jesu mit Naturhaar ausgestattet. Kurz nach 1500 entstanden zwei bedeutende **Figurenzyklen** von verschiedenen Freiberger Bildschnitzern an den Pfeilern. An den freistehenden Pfeilern sind die Klugen und Törichten Jungfrauen zu sehen, an den Wandpfeilern die Apostel.

Im Rahmen von Führungen ist es möglich, die fürstliche **Begräbniskapelle** im Chor zu besichtigen, deren kunstvollstes und prächtigstes Stück das Moritzmonument ist, ein dreistufiges Kenotaph aus belgischem Marmor und Alabaster, gekrönt mit der knieenden Figur des Kurfürsten, entworfen von Benedict und Gabriel Tola und realisiert von dem Antwerpener Bildhauer Antonius von Zerroen. Der dahinter liegende Nosseni-Chor korrespondiert mit dem Monument, greift in klarer architektonischer und ikonographischer Gliederung die dynastische Erzählung auf: im unteren Teil stehen die von Säulen umrahmten Fürstenbilder, über dem darüberliegenden Gesims halten Engel Wappenkartuschen, darüber stehen Figuren der Propheten, und auf dem mit weißem Stuck verzierten Hauptgesims spielen Engel auf Musikinstrumenten zur Wiederkunft Christi zum Jüngsten Gericht an der Decke, das plastische Figuren auf gemaltem Hintergrund zeigt. Übrigens wurde hier mit einem Trick gearbeitet: die Engel halten die Instrumente so, dass sie eigentlich gar nicht spielen können. Aber nur so sind sie von unten her sichtbar. Bei den 30 Musikinstrumenten handelt es sich größtenteils um originale **zeitgenössische Instrumente**.

Musik war immer ein Bestandteil von **fürstlichen Leichenbegängnissen**. Beim Abholen des Leichnams und beim Trauerzug hatten Lehrer und Schüler Lieder des Trostes zu singen, während des Trauergottesdienstes sang die Gemeinde. Während der Begräbniszeremonie jedoch war Musik verboten. Zwar schritten die Pauker, die Trompeter, Kantoren und sonstigen Instrumentalisten mit im Zug, aber ihre Instrumente blieben stumm und mit einem schwarzen Tuch abgedeckt. Nur die gesungenen Lieder ertönten, die sich mit den Instrumente spielenden Engeln an der Decke der Begräbniskapelle zu einer himmlischen Musik verbanden.

Links: Blick zur Tulpenkanzel und Silbermann-Orgel

Chor des Freiberger Doms

Albrecht Koch
Geb. 1976, Organist und Dirigent. Nach dem Studium an der Leipziger Musikhochschule wurde Koch 2008 als Domkantor und Domorganist in Freiberg berufen. Hier leitet er den Domchor, die Domkurrende, die Domkinderchöre sowie die Jugendkantorei des Doms. Er ist ein geschätzter Interpret bei verschiedenen hochkarätigen Orgel- und Musikfestivals. Seit 2020 leitet Koch als Präsident die Gottfried-Silbermann-Gesellschaft und setzt sich seit 2022 als Präsident des Sächsischen Kultursenats u.a. für eine angemessene Vergütung von Kulturschaffenden ein.

Der Dom verfügt über zwei Orgeln von Johann Gottfried Silbermann, wovon die größere die wohl weltweit bekannteste **Barockorgel** ist. Erbaut zwischen 1711 und 1714, verfügt sie über 44 Register (2674 Pfeifen), die auf drei Manuale und Pedal verteilt sind. Ihr Prospekt weist eine auffallend prächtige Ornamentik auf, die auf Pläne des damaligen Domorganisten Elias Lindner zurückgeht. Das Gehäuse fertigte der Freiberger Tischler Georg Lampertius; Johann Adam Georgi führte die Bildhauerarbeiten aus; Farbfassung und Vergoldung stammen von Johann Stephan von Schöneveld und Johann Christian Buzäus. Selbst als sich Silbermann mit dem Freiberger Rat entzweit hatte, pflegten seine Gesellen trotz Verbotes die Orgel. In den 1980er Jahren erfolgte eine große Sanierung durch den Orgelbauer Kristian Wegscheider der Orgelbaufirma Jehmlich in Dresden. Gegenüber befindet sich eine kleinere Silbermann-Orgel, 1719 für die Johanniskirche erbaut und 1938 aus der Kirche geborgen. Sie verfügt über 14 Register.

Die **Goldene Pforte**, ein um 1225/30 aus Sandstein erbautes, wahrscheinlich einst bunt bemaltes Rundbogenportal, ist eine künstlerische Kostbarkeit ohnegleichen in Europa. Im Mittelpunkt des Geschehens steht die Ankunft Christi, um die alle Figuren und Symbole kreisen.

So bildet die Muttergottes mit dem Christkind im Schoß das Zentrum des Tympanons. Im Gewände haben die Vorfahren Jesu Aufstellung gefunden, der Prophet Daniel, der Priester Aaron, links die Königin von Saba und Salomo und rechts Bathseba und David. Nach innen gelesen kommt man Jesus chronologisch immer näher, den Propheten folgen die Zeugen seines Wirkens. Um das vollständig erhaltene Figurenportal zu schützen, wurde 1902/03 ein Vorbau errichtet, der Anklänge an den Jugendstil aufweist.

Neben verschiedenen **Grabsteinen und Epitaphen**, deren prächtigstes das der Familie Meurer (1632) ist, sollte man dem 1531 von Herzog Heinrich gestifteten **Taufstein**, den **Fürstenlogen** für den nachweislich nie in Freiberg gewesenen August den Starken von Matthias Daniel Pöppelmann sowie dem 1560 von Matthias Rothe gestifteten, an Bilder von Lucas Cranach d.J. erinnernden **Altargemälde** Aufmerksamkeit schenken.

Von unregelmäßigem Grundriss ist der **Kreuzgang**, ursprünglich aus mehreren langen Gängen und Kapellen bestehend, der, nach der Reformation ungenutzt, heute wieder vollständig betreten werden kann. Im Westflügel hat eine Sammlung von Grabsteinen der Familie Schönberg Aufstellung gefunden.

Goldene Pforte

17 | Annenkapelle und Grüner Friedhof

Zum Kreuzgang gehört auch die kleine Schwester des Doms, die 1514 errichtete spätgotische Annenkapelle, die seit ihrer Sanierung 2021 in neuem Glanz erstrahlt. Sie besitzt nur zwei Schiffe, und ihre Decke ist mit einem filigranen Schlingrippengewölbe gestaltet, dem wohl ersten in Sachsen. An der Südwand steht der aus der 1906 gesprengten Stadtkirche in Hainichen stammende Altar mit der Verklärung Christi. Das bedeutendste Kunstwerk in der Kapelle ist jedoch die an der Ostwand angebrachte steinerne Monhaupt-Madonna. Sie wurde 1513 von dem Freiberger Bildhauer Franz Maidburg, einem Schüler Tilman Riemenschneiders, für den Dom geschaffen. Für den freundlichen Raum schuf der Orgelbauer Claudius Winterhalter 2015 eine elf Register umfassende Orgel mit einem schlichten, von dem Maler Frieder Haser gestalteten Gehäuse.

Zwischen Dom und Kreuzgang liegt der unscheinbare, aber idyllische Grüne Friedhof, die älteste Begräbnisstätte Freibergs innerhalb der Stadtmauern. Nachdem das Kollegiatstift in der Reformationszeit aufgelöst worden war, verlor der Kreuzgang seine Funktion, und 1622 wurde beschlossen, in dem Hortus conclusus, dem geschlossenen Garten, Mitglieder bedeutender Freiberger Familien in Erbgräbern zu bestatten. Bei Ausgrabungen 2012 konnte man 127 Bestattungen dokumentieren, darunter 39 von Kindern.

18 | Ehem. Domherrenhof

Stadt- und Bergbaumuseum wegen Umbau zeitweilig geschlossen, www.museum-freiberg.de

Am Dom 6

Mit seinem prächtigen, 45 Meter hohen Blendnischengiebel und dem südlich gelegenen Treppenturm ist der Domherrenhof (Am Dom 1) eines der markantesten Gebäude Freibergs. Im Zuge des nach dem Stadtbrand von 1484 veranlassten Neuaufbaus der jetzt Dom genannten Kirche erfolgte zunächst bis 1488 der Bau der »Thümerey«, um den Chordienst sicherzustellen. Die Reformation brachte die Auflösung des Kollegiatstifts, und in den ehemaligen Domherrenhof zog die 1515 von Ulrich Rülein von Calw gegründete Lateinschule. Seit deren Umzug in das Haus Albertinum (siehe S. 20) verfiel das Gebäude, bis es 1903 als Museum des 1860 gegründeten Freiberger Altertumsvereins eröffnet wurde. 1939 ging es in den Besitz der Stadt über und trägt seitdem den Namen Stadt- und Bergbaumuseum. Als 2019 zwischen den spätgotischen Gebäuden der Kubus mit silberner Vorhangfassade als neuer Eingangsbereich gebaut wurde, auf dem in sieben Sprachen das Wort »Silber« zu lesen ist, gab es manchen Protest in der Stadt. Nun steht er aber da und mutet in der historischen Nachbarschaft seltsam fremd an.

Das zu den ältesten bürgerlichen Museen Sachsens zählende Museum besitzt sehenswerte Sammlungen. Der Bergbau und seine Geschichte nehmen natürlich einen großen Raum ein: altes Montanwerkzeug, die deutschlandweit größte Sammlung kunstvoll bestückter Geduld(s)flaschen (eine modellhafte Darstellung einer religiösen oder Alltagsszene, die in eine Flasche montiert wird) oder geschnitzte Bergbaudarstellungen sind nur einige der Zeugnisse Freiberger Bergbaugeschichte seit dem 15. Jahrhundert. Höchst eindrucksvoll ist die Sammlung spätgotischer Sakralkunst Obersachsens. Die

Peter der Große in Freiberg
Nach anstrengenden Feldzügen und ausgiebigen Trinkgelagen musste der russische Zar Peter der Große (1672–1725) 1711 zu einem ersten Kuraufenthalt nach Karlsbad reisen. Auf der Rückreise besuchte er neben Dresden auch Freiberg. Da er Russland zu einem modernen Staat entwickeln wollte, hatte er ein großes Interesse am Bergbau. Bei seinem Besuch in Freiberg besichtigte er deshalb die Bergwerke von Niederschöna und Halsbrücke, fuhr selbst in die Grube ein und gewann eigenhändig Erz. In seinem Todesjahr wurde in St. Petersburg die Akademie der Wissenschaften gegründet, die u.a. Michail Lomonossow zum Studium nach Freiberg entsandte.

MUSEUM

Region war durch die Silberfunde ungeheuer reich und konnte sich so zu einem Zentrum der Bildschnitzkunst entwickeln. Es seien die Werke Peter Breuers genannt, eines Schülers von Tilman Riemenschneider, dessen »Christus in der Rast« (um 1500) zu den größten Kostbarkeiten des Museums gehört. Mit der Sanierung des spätgotischen Bestandbaus entsteht auch eine neue und interaktive Dauerausstellung zur 850-jährigen Bergbau- und Stadtgeschichte: Von der Welt unter Tage über die der wachsenden Bergstadt, zu den Schätzen der Bergbaukunst bis hin zu einer »Zeitmaschine«. Bis zu ihrer Eröffnung sind im Foyer des silbernen Neubaus ständig wechselnde Sonderausstellungen zu sehen.

Ein Gebäudeensemble von großer historischer Bedeutung stellen die ehemaligen Domherrenhäuser in der Straße Am Dom dar, die ebenfalls nach dem Stadtbrand von 1484 entstanden. Am Dom 2, heute zum Stadt- und Bergbaumuseum gehörend, beherbergte das Rektorat, später die alte Superintendentur. Das Gebäude Am Dom 4 weist sehr schöne spätgotische Vorhangbogenfenster auf. Im Eckhaus, Am Dom 6, findet man den Domladen, in dem man Eintrittskarten, Konzerttickets und Souvenirs kaufen sowie sich für eine der Führungen anmelden kann.

Friedrich Wilhelm von Trebra
1740–1819, Geologe. Goethe lernte von Trebra, der damals noch Vizeberghauptmann in Clausthal war, 1776 kennen. Er begleitete ihn auf einigen Stationen seiner zweiten Harzreise im September 1783 und fungierte als geologischer Berater. Darüber hinaus erstellte von Trebra ein Gutachten für Goethe über die Wiederaufnahme der Förderung am Ilmenauer Bergwerk. Gemeinsam bestiegen sie den Brocken und besuchten in St. Andreasberg die Grube Samson, damals mit 810 Metern die tiefste Grube der Welt. Brieflich kündigte Goethe Charlotte von Stein später an: »Eine große Last Steine bringe ich geschleppt.«

19 | Schönbergscher Hof

Die vierflügelige Anlage zwischen Brennhaus- und Kirchgasse wurde um 1670 errichtet. Erkennbar an ihrem runden Treppenturm, war sie Sitz zunächst des Oberberghauptmannes Caspar von Schönberg (1621–1676), dann des Staatsmannes, Oberberghauptmannes und Reformers des Berg- und Hüttenwesens Abraham von Schönberg (1640–1711), und seit 1801 des Oberberghauptmannes Friedrich Wilhelm von Trebra, einem maßgeblichen Pionier des Bergbaus im Harz und Freund Goethes. An der Einfahrt in der Kirchgasse erkennt man über dem Rundbogenportal das Schönbergsche Wappen. Im Schönbergschen Hof lädt die Gaststätte »Pfeffersack« in den idyllischen Innenhof zu traditionellen sächsischen Gerichten wie Saubatzen und Steigerschmaus.

Oben: Schönbergscher Hof
Links: Domherrenhof

20 | Sächsisches Oberbergamt

Inge Keller
1923–2017, Schauspielerin. Die Grand Dame des Deutschen Theaters in Berlin trat nach einer privaten Schauspielausbildung ihr erstes Engagement am Stadttheater Freiberg an (1943–1947). Hier erwarb sie u.a. als Anna Andrejewna in Gogols »Der Revisor«, in »Elga« von Gerhart Hauptmann und als Titania in Shakespeares »Der Sommernachtstraum« erste Bühnenerfahrung. 1948 wechselte sie ans Hebbel-Theater in Berlin. Mit ihrem Lebensgefährten Karl Eduard von Schnitzler ging sie 1950 nach Ostberlin und trat ein Engagement am Deutschen Theater an. Wer je ihre Stimme hörte, wird sie nie vergessen.

In dem nach dem Stadtbrand von 1484 errichteten Gebäude (Kirchgasse 11), dem einstigen Freihof der Familie Schönlebe, befand sich etwa von 1700 bis 1946 und wieder seit 1991 die wichtigste Behörde für die Ausführung des Bergrechts in Sachsen. Ein Bergamt mit dem Amt eines Bergmeisters fand erstmals 1241 Erwähnung. In Freiberg, seit 1168 Zentrum des erzgebirgischen und sächsischen Bergbaus, wurde zunächst das 1307 festgeschriebene Bergrecht angewandt. 1509 erließ Herzog Georg von Sachsen (der Bärtige) die 103 Paragraphen umfassende Annaberger Bergordnung, die erste gedruckte Bergordnung überhaupt, die bis ins 19. Jahrhundert in Mitteleuropa maßgeblich war. Im Zuge dessen entwickelte sich das Oberbergamt, das auch die Keimzelle der Bergakademie war. Mehrfach aufgelöst und wiedergegründet, stellt es heute, nach Beendigung des Erzbergbaus in Sachsen, die wichtigste Behörde für Fragen der Arbeitssicherheit, des Gesundheits- und Umweltschutzes und der Rohstoffsicherung im sächsischen Bergbau dar. Neben der Zulassung und Aufsicht über rund 400 Bergbaubetriebe liegen in der Zuständigkeit des Oberbergamtes auch der Sanierungsbergbau und die Sicherung des Altbergbaus.

21 | Dunkelhof

Vorbei an der Südseite des Doms und am Lutherbrunnen, führt der Spaziergang zur idyllischen Kreuzgasse. In der Nr. 7, dem sogenannten Dunkelhof aus dem 16. Jahrhundert mit einem markanten Stufengiebel, lebte nicht nur der bekannteste Chronist Freibergs, Andreas Möller. Hier wurde 1801 der später als Professor für Zivilbaukunst, Geometrie, Freihand- und Maschinenzeichnen an der Bergakademie bekannte Eduard Heuchler (1801–1879) geboren. Er erwarb sich Verdienste mit der Beschreibung historischer Stätten Freibergs und schuf bedeutende Denkmäler wie das Schwedendenkmal (siehe S. 46).

22 | Mittelsächsisches Theater – Silberstadt Freiberg

www.mittelsaechsisches-theater.de

Das älteste Stadttheater der Welt spielt ununterbrochen seit über 230 Jahren. Bis 1790 war es ein Brauhaus und wurde von einem Privatmann zum Theater umgebaut. Aber leider entsprachen die Einnahmen nicht seinen

Erwartungen, und er bot schon nach einem Jahr Haus und Einrichtung der Stadt zum Kauf an. Der Stadtrat ließ sich das Geschäft nicht entgehen, denn einerseits hatte er, welch seltener Umstand, genügend Geld, das »müßig in der Kasse liegt«, andererseits wusste er es zu schätzen, dass in politisch unruhigen Zeiten die Bühne in den Händen der Obrigkeit lag. Denn nichts ist gefährlicher als wirklich freies Theater! Seit 1880, als die Bevölkerung wuchs und das kleine Theater den Zuschauermengen nicht mehr genügte, kam es zu immer neuen Erweiterungen. Aus den 1950er Jahren stammen die Giebelinschrift: »Alle Kunst dem Volke« und die Ausstattung des Foyers. Die letzte große Baumaßnahme endete 1991. Nun umfasst das Theater mit Probe- und Studiobühne den gesamten Häuserblock. Seit 1993 bildet Freiberg mit dem einstigen Stadttheater Döbeln das Mittelsächsische Theater mit den Sparten Schauspiel, Musiktheater und Philharmonie. Im Putz an einer Seitenwand des Theaters wird verkündet, dass hier eine der ersten Opern von **Carl Maria von Weber** uraufgeführt wurde.

Weber in Freiberg
Gemeinsam mit seinem Vater war Carl Maria von Weber (1786–1826) im Herbst 1800 nach Freiberg gekommen. Der dort gastierende Theaterdirektor Carl von Steinsberg regte ihn an, die Oper »Das stumme Waldmädchen« nach seinem Libretto zu schreiben, die am 24. November 1800 Premiere hatte. Der Erfolg war mäßig. Die Presse reagierte hämisch, Weber antwortete in der Zeitung mit Hilfe seines Vaters polemisch, sodass das Ganze in einer regelrechten Pressefehde gipfelte. Die lange verschollene Partitur (übrigens Vorlage für Webers 1810 uraufgeführte »Silvana«) wurde erst 2000 in Petersburg gefunden und kam 2015 konzertant in Freiberg wieder auf die Bühne.

23 | Nikolaikirche

Es ist ein großes Glück, dass die um 1185 erbaute romanische Nikolaikirche, geweiht dem Schutzpatron der Kaufleute und die zweitälteste Kirche Freibergs, heute noch steht. Schon seit den 1960er Jahren schrumpfte die Gemeinde, die sich daher mit St. Petri zusammenschloss. 1974 verkaufte die Sächsische Landeskirche das Gebäude ohne Inventar für 28 000 DDR-Mark an die Stadt, die wenig Interesse daran hatte, das Bauwerk zu erhalten. In dieser Zeit wurde sie bereits vom Freiberger Theater als Lager genutzt. In den 1990er Jahren saniert, dient sie seit 2002 als Konzert- und Tagungshalle.

Grandios sind ihre Außenmaße. Besonders das Westwerk mit den zwei hohen Türmen ist gewaltig und wirkt auch heute noch beinahe einheitlich romanisch. Es blieb mit einigen Außenmauern nach dem großen Stadtbrand von 1484 erhalten. Das Langschiff baute man ab 1500 wieder auf, nun als spätgotische Hallenkirche. Sein Dach erreicht beinahe die Höhe der Traufen der Türme, die um 1630 um ein Geschoss aufgestockt wurden. Ab 1770 wur-

Lomonossow-Denkmal in der Nikolaigasse

de die Kirche drei Jahre lang barock umgestaltet. Davon zeugt auch heute noch der Haupteingang mit Wappenkartusche und Inschriftentafel, der sich stilistisch von den beiden Türmen abhebt. Im Inneren ist die barocke Innenausstattung der protestantischen Emporenkirche erhalten. Hier findet man jedoch nicht überbordenden Barock, sondern es herrscht schlichte Eleganz vor. Einzig der von einem gloriosen Strahlenkranz bekrönte Hochaltar verrät eine gewisse Freude an der Pracht. Das Altargemälde mit der Himmelfahrt Christi stammt von dem Dresdner Landschaftsmaler Christian Wilhelm Dietrich (1752).

24 | Berggasse

Der Weg führt nun durch die Aschegasse und die Wasserturmstraße zur Berggasse mit ihrem oberen Abschluss, dem Schüppchenberg. Kurz nach der bäuerlichen Besiedelung dieses Areals um 1162, in der Niederung des Münzbachs, der regional meist als die Münzbach genannt wird, in dessen unmittelbarer Nähe die alte Salzstraße von Halle nach Böhmen führte, machte man um 1168 aufsehenerregende Silberfunde. Das kann man heute sogar genau verorten, nämlich am Grundstück

Berggasse 7

Wasserturmstraße 34. Der (oder die) Münzbach verläuft in Freiberg seit dem 19. Jahrhundert unterirdisch, aber an einer Schautafel kann man Ort und Geschehen des ersten Silberfundes studieren, und im »Kartoffelhaus« am Schüppchenberg, einem Gebäude von 1535, Einkehr halten.

25 | Pfarrgasse

Die schmale Pfarrgasse wird von meist zweigeschossigen Wohnhäusern aus dem 16. Jahrhundert bestanden, die schöne Portale, Sitznischen und verschiedene Fenstergewände aufweisen. An der Nr. 20 erinnert eine Tafel an einen bedeutenden Bewohner, den kursächsischen Oberbergmeister Martin Planer (1510–1582). Seit 1550 als Kunststeiger im Freiberger Revier tätig, baute er das Stollensystem des Freiberger Bergbaus aus, um tiefere Lagerstätten erschließen zu können. Große Verdienste erwarb er sich auch im Wasserbau, mit Planungen von Wasser- und Floßgräben und Brunnen, so auf der Festung Königstein und dem Jagdschloss Augustusburg.

Michail Wassiljewitsch Lomonossow

1711–1765, Naturwissenschaftler, Dichter und Mitbegründer der heutigen Lomonossow-Universität in Moskau. Nach Studien in Moskau und Marburg verbrachte der Fischerssohn 1739 unter der Mentorschaft von Bergrat Johann Friedrich Henckel zehn Monate in dessen Laboratorium in Freiberg. Neben der Beschäftigung mit russischer Literatur bestimmte er u.a. den Gefrierpunkt für Quecksilber und ermittelte als erster die Dichte von Eisbergen (dafür verankerte er das deutsche Wort »Aisberg« in der russischen Sprache). In der Fischerstraße 39 befindet sich heute das Lomonossow-Haus, ein Gästehaus des Studentenwerks für russische und deutsche Wissenschaftler, in der Nikolaigasse ein Lomonossow-Denkmal.

26 | Donatsturm

Der obere Abschluss der steilen Donatsgasse ist der Donatsturm, 1233 erstmals urkundlich erwähnt und mit 35 Metern Höhe und fünf Meter dicken Mauern ein beeindruckender Rest der alten Stadtbefestigung. Als einziger runder Turm in Freiberg diente er zum Schutz des Donatstores, des östlichen Zugangs zur Stadt, das nicht erhalten ist. Als man im 19. Jahrhundert im Zuge der Stadterweiterung die Mauern schleifte, versuchte man auch, den Turm zu sprengen. Aber er hielt stand. Gut zu erkennen sind die Schießscharten für Handfeuerwaffen und die großen Geschützöffnungen im obersten Geschoss. Die vergoldete Wetterfahne und die Turmkugel sind Kopien der Originale von 1670. Der ebenfalls aus grauen Bruchsteinen errichtete Torbogen stammt aus dem Jahr 1923. Außerhalb des Altstadtbezirkes erstreckt sich linker Hand einer der am besten erhaltenen Abschnitte der mächtigen Stadtmauer.

27 | Donatsfriedhof

Hier stand ursprünglich die bereits 1225 erwähnte kleine Donatskirche, die 1433 abgerissen wurde. »Donat« bezeichnet eine Schenkung Gottes und ist keine Flurbezeichnung. Später soll eine kleine neue Kirche aufgebaut worden sein, aber man weiß heute nicht genau wo. Der sie umgebende Kirchhof hingegen wurde im Pestjahr 1506 auf Anregung des Stadtarztes und späteren Bürgermeisters Ulrich Rülein von Calw zum Begräbnisplatz, angelegt in der Form eines Ovals. Heinrich der Fromme erklärte ihn 1531 zum zentralen Friedhof für Freiberg. Das große Tor, durch das man ihn betritt, wurde 1839 nach Plänen von Eduard Heuchler errichtet. Unter den etwa 2600 Grabstellen, zumeist aus Sandstein, kann man berühmte Freiberger wie Wilhelm August Lampadius, Friedrich Wilhelm von Trebra und Esther von Kirchbach finden.

Die Pest in Freiberg
Allein 19 Pestepidemien sind für Freiberg von 1463 bis 1632 verzeichnet. Meist begannen sie im Sommer oder frühen Herbst und endeten schlagartig im Winter. Die Zahl der Opfer lag zwischen 105 und 1500. Manchmal, so der Chronist Andreas Möller, wurde sie von außen – z. B. 1582 aus Böhmen – eingeschleppt, manchmal erfolgte ihre Ausbreitung aber auch durch den Import von Textilien, Tierhäuten oder Wolle. 1521 erließ Herzog Heinrich unter Mitwirkung von Rülein von Calw eine Pestordnung für Freiberg, die eine strenge Quarantäne, die regelmäßige Straßen- und Wasserrinnenreinigung sowie die Einrichtung von Pesthäusern und eines Pestfriedhofes vorschrieb.

28 | Jakobikirche

Als Ersatz für die bereits um 1160 errichtete und 1887 wegen Baufälligkeit abgerissene Jakobikirche wurde ab 1890 nach Plänen von Theodor Quentin ein prächtiger Kirchenneubau im Stile der damals beliebten Neogotik errichtet. Der Turm ist 57 Meter hoch und trägt als Bekrönung eine Kreuzblume und Krabben, also aus Stein gemeißelte gebogene Blätter. Am Haupteingang empfängt den Besucher ein feingearbeiteter steinerner Pelikan auf dem Nest, Symbol für die aufopferungsvolle Liebe Gottes zu den Menschen. Die 2010 original wiederhergestellte Ausmalung der Felder des Kreuzrippengewölbes zeigt florale Motive und erinnert an das himmlische Paradies. Geborgene Ausstattungsstücke der alten Jakobikirche sind auch heute noch zu betrachten, so der Altar, ein Meisterwerk des Manierismus von Bernhard Dietrichs und Sebastian Grösgen (1610), die Sandsteinkanzel von Andreas Lorenz (1564) und das älteste Kunstwerk der Kirche, die Sandsteintaufe von Hans Walther (1555). Auf der Empore erklingt eine der vier in Freiberg erhaltenen Silbermann-Orgeln (1716/17). Sie ist Silbermanns zweites Instrument für Freiberg, verfügt über 20 Register und gehört zum Typ der kleineren zweimanualigen Orgeln.

Der Prospekt mit den zwei Trompete blasenden Engeln stammt vom Domorganisten Elias Lindner. Nach Erweiterungen von Friedrich Ladegast konnte die Orgel 1892 in die neue Jakobikirche eingesetzt werden. Seit ihrer letzten Restaurierung 2017 durch die Orgelbaufirma Ekkehard Groß erklingt die Orgel regelmäßig in Konzerten.

29 | Hornstraße

Der Spaziergang führt die Hornstraße nun in Richtung Westen, vorbei an der Grünanlage mit dem Denkmal für den mehrfachen Freiberger Bürgermeister Christian Siegmund Horn (1659–1736). Ganz besonders dankt ihm seine Vaterstadt die Stiftung von 70 000 Talern, die er wohltätigen Zwecken widmete. Als im 19. Jahrhundert die alte Stadtbefestigung geschleift wurde und Promenaden anstelle der Mauern entstanden, galt es, die Grünanlagen zu gestalten. Eduard Heuchler hatte die Idee, Horn mit einem Denkmal zu ehren und baute daraufhin das Modell für einen Horn-Brunnen, der mithilfe zahlreicher Spenden 1857 enthüllt werden konnte. Seit 2017 ersteht er dank großzügiger Bürgerbeteiligung Schicht für Schicht wieder.

Bettenmuseum
In der Bahnhofstraße 18 hat 2012 ein einzigartiges Museum seine Pforten geöffnet. Auf über 600 Quadratmetern kann man über 100 Exponate besichtigen, die mit den Themen Bett- und Schlafkultur in Verbindung stehen. Nicht nur der richtige Mikrokosmos im Bett, auch Probleme von Schlafstörungen werden hier behandelt. Woraus werden Betten und Matratzen hergestellt? Wie schläft man in fremden Kulturen? Kompetenz kann vorausgesetzt werden, denn die Ausstellung wird vom Schlaf-Spezialisten Betten Uhlmann, einem seit 1910 existierenden Bettenfachgeschäft, präsentiert (Mo–Fr 9–18 Uhr, Sa 9–12 Uhr).

Denkmal für den Bürgermeister Christian Siegmund Horn

Vor dem prächtigen, 1896 errichteten Gründerzeit-Eckhaus mit den Bergmannsfiguren und dem stilisierten Stadtwappen Freibergs sieht man sich einer der drei in Freiberg erhaltenen kursächsischen Postmeilensäulen gegenüber.

Mit dem Erlass Augusts des Starken von 1721, im Zuge der Vermessung Sachsens überall Wegmarken aufzustellen, setzte eine rege Betriebsamkeit ein. Dem ehemaligen Pfarrer und Kartographen Adam Friedrich Zürner (1679–1742), mit dem Amt des Land- und Grenzkommissars betraut, fiel dabei die entscheidende Rolle zu. Im Ergebnis seiner Vermessungen wurde Sachsen mit etwa 300 Distanzsäulen und 1200 Straßensäulen ausgestattet. Die Höhe der Distanzsäulen war auf 4,50 Meter genormt, und sie trugen die Initialen des Kurfürsten (AR für Augustus Rex = König August) mit der darüber liegenden Königskrone sowie das kursächsische und das königliche polnische Wappen. Die angegebenen Stundenangaben sind Wegstunden für Fußmärsche: eine Wegstunde entspricht 4,5 Kilometer. In kleineren Orten befanden sich die Säulen am Ortseingang, in größeren an den Stadttoren. Freiberg besaß fünf Säulen, von denen drei erhalten geblieben sind (weitere am Bebelplatz und am Meißner Ring).

Kursächsische Postmeilensäule

Oben: Kornhaus
Rechts: Schwedendenkmal

30 | Kornhaus

An der Ecke zur Korngasse kommt man zum spätgotischen Kornhaus, einem gigantischen Getreidespeicher, 1508–1511 erbaut, der in die Stadtbefestigung integriert war. Davon sind noch Relikte wie ein Teilstück der Stadtmauer und der Kalkturm erhalten geblieben. Das Kornhaus erfuhr im Laufe der Jahrhunderte verschiedene Nutzungen. So diente es am Ende des 19. Jahrhunderts als Reithalle der Freiberger Garnison, wovon die großen ebenerdigen Fenster zeugen. In einer der spektakulärsten Baumaßnahmen Freibergs wurde es bis 2015 saniert und umgebaut. Für den neuen Nutzer, die Stadtbibliothek, baute man Regale über zwei offene Geschosse hinweg.

31 | Albertpark

Bereits am Ende des 18. Jahrhunderts entstanden vor den Toren der Stadt erste Grünanlagen. Nach der Niederlegung der Stadtbefestigung im Laufe des 19. Jahrhunderts wurden daraus Gärten, Parks und eine Ringpromenade. Im Zuge dessen legte man den westlich vor dem Peterstor gelegenen Walkteich trocken und bezog die gewonnene Fläche in die Parklandschaft ein. 1896 weihte der sächsische König Albert den neuen Park ein, der natürlich seinen Namen tragen musste. Neben dem an die erfolgreiche Verteidigung gegen die Schweden im Dreißigjährigen Krieg erinnernden, 1844 aufgestellten Schwedendenkmal (Eduard Heuchler) findet man einen Springbrunnen mit Fontäne, eine Schillereiche und auf der »Gelehrtenmeile« Denkmäler für Abraham Gottlob Werner, Hieronymus Theodor Richter und Ferdinand Reich sowie für Clemens Winkler. In der Nähe des Straßenübergangs zur Petersstraße steht eines der ältesten Denkmäler der Stadt: eine Betsäule, die bereits 1489 nachgewiesen ist. Auf dem Sockel von 2013 erhebt sich der 125 Zentimeter hohe originale Aufsatz mit drei bildlichen Szenen aus der Passionsgeschichte.

Im nördlichen Bereich, auf der Höhe des Altschlossturms, lädt das über 100 Jahre alte Traditionsrestaurant »Schwanenschlößchen zu Freiberg« zu klassischer deutscher Küche (Di–So ab 11.30 Uhr).

Postausstellung
In der ehemaligen Paketausgabe im Postamt (Poststraße 2a) kann man eine Ausstellung von Zeugnissen historischer Post- und Fernmeldetechnik besuchen. Kernstück ist eine originalgetreue Wählvermittlungsstelle aus dem Jahre 1929 mit zahlreichen Telefonen zum Ausprobieren. Neben historischen Fernsprechbüchern und einer Telefonzelle gibt es Postsäulen, Briefkästen und Postuniformen zu besichtigen. Interessenten können die kleine und liebevoll zusammengestellte Ausstellung nach Voranmeldung (Tel. 037326 8 58 43 oder 0171 6 89 76 17) und an Tagen des offenen Denkmals besichtigen.

Freiberg an einem Tag. Ein Stadtrundgang
Herausgegeben von Mark Lehmstedt

Text: Steffi Böttger
Lektorat: Kristina Schulze/Lehmstedt Verlag
Karte: OpenStreetMap-Mitwirkende, geodressing.de
Fotos: Günter Müller, außer: Hajo Dietz/Nürnberg Luftbild (S. U2), Amt Kultur-Stadt-Marketing – Silberstadt® Freiberg (S. 19), Unukorno/CC BY-SA 3.0 (S. 20), Constantin Beyer, Weimar (S. 27), Harald Brünig (S. 31)
Gestaltung: Mareike Bardenhagen/Lehmstedt Verlag
Druck: druckhaus köthen GmbH & Co. KG, Köthen (Anhalt)

Umschlag:
1: Rathaus
2: Tulpenkanzel im Dom
3: Luftbild, 2014
4: Bergmannskanzel im Dom
5: Wappen am Rathaus

1. Auflage, 2023
ISBN 978-3-95797-151-7